LEX GLOBO®

présente

LE CHANGEMENT DE NOM ET DE PRÉNOM

A L'ETAT CIVIL FRANCAIS

GUIDE JURIDIQUE PRATIQUE

ISBN : 979-10-979330-5-0

Dépôt légal : mars 2026

LEX GLOBO®

4, rue Jean Jaurès 78190

SOMMAIRE

INTRODUCTION

I. Le nom et le prénom : deux attributs de l'état civil

Le nom de famille et le prénom constituent les deux attributs fondamentaux de l'identité civile de toute personne physique. Ils permettent d'individualiser chaque individu au sein de la société et de le distinguer d'autrui. Ensemble, ils forment ce que le droit désigne comme l'identité nominale.

Le prénom, choisi par les parents lors de la déclaration de naissance, est inscrit en premier sur l'acte de naissance. Il désigne la personne au sein de sa famille et contribue à son identité personnelle. Une personne peut être titulaire de plusieurs prénoms, mais un seul est en principe utilisé comme prénom usuel.

Le nom de famille, transmis de génération en génération selon les règles de la dévolution du nom, inscrit l'individu dans une lignée familiale. Il est le signe de l'appartenance à une famille et constitue, à ce titre, un élément d'ordre public : en principe, nul ne peut le changer librement.

Ces deux attributs sont protégés par le droit. Ils sont imprescriptibles, incessibles et insaisissables. Nul ne peut en principe renoncer à son nom ou à son prénom, ni les céder à un tiers. Ils appartiennent à la personne et la suivent tout au long de sa vie, quelles que soient les circonstances. C'est pourquoi toute demande de modification est soumise à des conditions précises et à des procédures encadrées par la loi.

Pour autant, l'identité nominale n'est pas immuable. La vie d'une personne peut l'amener à souhaiter légitimement modifier son prénom ou son nom : adoption d'un prénom correspondant mieux à son identité, volonté de porter le nom de sa mère plutôt que celui de son père, nécessité d'éviter la confusion avec un homonyme, ou encore désir de préserver un nom de famille menacé d'extinction. Le droit français reconnaît ces situations et y apporte des réponses.

II. Les réformes récentes

Le droit du nom et du prénom a connu des évolutions importantes au cours des dernières décennies. La loi n° 93-22 du 8 janvier 1993 a organisé pour la première fois de façon cohérente la procédure de changement de nom par décret. La loi n° 2002-304 du 4 mars 2002 a profondément réformé la dévolution du nom de famille en permettant aux parents de choisir, lors de la naissance de leur premier enfant commun, de lui transmettre le nom du père, celui de la mère, ou les deux accolés.

La loi n° 2016-1547 du 18 novembre 2016, dite loi de modernisation de la justice du XXIe siècle, a simplifié la procédure de changement de prénom en la confiant à l'officier de l'état civil. Auparavant, toute demande de changement de prénom supposait une saisine du tribunal de grande instance, ce qui décourageait bon nombre de justiciables. Désormais, la démarche est administrative, plus rapide et plus accessible.

La loi n° 2022-301 du 2 mars 2022 relative au choix du nom issu de la filiation a franchi une étape supplémentaire en matière de changement de nom. Elle a créé une procédure simplifiée permettant à toute personne majeure de demander à l'officier de l'état civil de porter l'un des noms de ses parents en substitution ou en adjonction à son nom actuel. Cette faculté, ouverte une seule fois dans la vie, est entrée en vigueur le 1er juillet 2022 et constitue une avancée majeure en termes de liberté individuelle dans le choix de l'identité nominale.

PARTIE I

Le changement de prénom

CHAPITRE 1

Le prénom en droit français : définition et cadre légal

Le prénom est le premier élément par lequel une personne est désignée. Il la situe dans sa famille, dans son cercle social, dans sa vie professionnelle. Il est intimement lié à l'identité de chacun, parfois plus encore que le nom de famille. Et pourtant, pendant longtemps, le droit français en a fait une donnée quasi intangible, que l'on ne pouvait modifier qu'au terme d'une procédure judiciaire longue et incertaine. La loi n° 2016-1547 du 18 novembre 2016 a changé la donne en profondeur, en confiant cette procédure à l'officier de l'état civil et en rendant le changement de prénom accessible au plus grand nombre.

I. Le prénom, attribut de l'état civil

En droit français, le prénom est un attribut de l'état civil de la personne physique. Il est inscrit sur l'acte de naissance dès la déclaration faite par les parents à l'officier de l'état civil et figure ensuite sur l'ensemble des documents d'identité de la personne tout au long de sa vie. À ce titre, il ne relève pas de la seule sphère privée ou familiale : il est un élément de l'état de la personne, enregistré dans les registres publics et opposable aux tiers.

Une même personne peut être titulaire de plusieurs prénoms, inscrits dans l'ordre choisi par les parents lors de la déclaration de naissance. Parmi eux, l'un est utilisé comme prénom usuel dans la vie courante. Il n'est pas rare que ce prénom usuel ne soit pas le premier inscrit à l'état civil, ou qu'une personne porte un prénom qu'elle n'utilise jamais. Cette discordance entre la réalité vécue et l'état civil est précisément l'une des situations que la procédure de changement de prénom permet de corriger.

L'article 60 du Code civil envisage expressément trois types d'opérations distinctes : l'adjonction d'un prénom nouveau, la suppression d'un prénom existant, et la modification de l'ordre des prénoms. Ces trois opérations relèvent de la même procédure et obéissent aux mêmes conditions. Elles peuvent être demandées isolément ou conjointement : une personne souhaitant à la fois supprimer un prénom inutilisé et faire passer son prénom usuel en première position peut formuler ces deux demandes en une seule démarche.

Cette ouverture est bienvenue. Elle répond à une diversité de situations concrètes : la personne qui porte un prénom au caractère ridicule ou dépréciatif et qui en souffre dans sa vie quotidienne ; celle qui a toujours été connue sous un prénom qui ne figure pas à son état civil et qui veut mettre fin à cette discordance ; celle qui, après une naturalisation, souhaite renouer avec un prénom d'origine ; ou encore celle dont l'identité de genre ne correspond pas au prénom inscrit sur ses documents. Autant de situations différentes, mais une procédure unique pour y répondre.

II. Une procédure longtemps judiciaire, aujourd'hui simplifiée

Avant la loi du 18 novembre 2016, changer de prénom relevait exclusivement du juge. Toute personne souhaitant modifier son prénom devait saisir le tribunal de grande instance, démontrer un intérêt légitime et attendre une décision judiciaire. Cette procédure était longue, coûteuse et dissuasive. Elle excluait en pratique une large partie de la population, faute de moyens ou de connaissance des voies de recours disponibles.

La loi du 18 novembre 2016 a transféré cette compétence à l'officier de l'état civil. Désormais, la demande est formée directement en mairie ou auprès de l'officier dépositaire de l'acte de naissance, sans qu'il soit nécessaire de saisir un tribunal. Dans la grande majorité des cas, l'officier de l'état civil enregistre le changement directement, dès lors qu'il considère la demande légitime. La procédure est ainsi simplifiée dans sa forme, même si elle reste conditionnée sur le fond.

Le recours au juge n'est pas pour autant supprimé. Il subsiste de manière subsidiaire, dans les cas où le procureur de la République, saisi par l'officier de l'état civil, s'oppose à la demande. Dans ce cas, le demandeur — ou son représentant légal — peut saisir le juge aux affaires familiales, conformément à l'article 60 dernier alinéa du Code civil et à l'article 1055-2 du Code de procédure civile. Le juge statue alors en première instance, selon les règles de la procédure écrite ordinaire applicables devant le tribunal judiciaire, ainsi que le précise l'article 1055-3 du même code.

Ce schéma procédural à trois niveaux — officier de l'état civil, procureur de la République, juge aux affaires familiales — est le reflet d'un choix équilibré du législateur : simplifier la procédure pour les demandes qui ne soulèvent pas de difficulté, tout en maintenant un contrôle pour celles qui pourraient porter atteinte à l'intérêt de l'enfant ou aux droits des tiers.

III. La condition d'intérêt légitime

Si la procédure est désormais simplifiée, elle n'est pas pour autant libre de toute condition. L'article 60 alinéa 4 du Code civil maintient l'exigence d'un intérêt légitime. L'officier de l'état civil est en droit — et en obligation — d'apprécier si la demande qui lui est soumise satisfait à cette condition. Ce n'est pas une formalité : c'est le filtre qui permet de distinguer les demandes fondées de celles qui ne le sont pas.

L'intérêt légitime n'est pas défini par la loi. Il appartient à l'officier de l'état civil de l'apprécier au regard des circonstances de chaque espèce. La pratique permet d'en dégager les contours : sont généralement reconnus comme légitimes le caractère ridicule ou dépréciatif du prénom actuel, l'usage prolongé et établi d'un autre prénom dans la vie sociale et professionnelle, le retour à un prénom d'origine après une naturalisation, ou la discordance entre le prénom porté à l'état civil et l'identité de genre de la personne. En revanche, la seule convenance personnelle, sans élément objectif la justifiant, ne suffit pas.

Lorsque l'officier de l'état civil estime que la demande ne revêt pas d'intérêt légitime — notamment parce qu'elle lui paraît contraire à l'intérêt de l'enfant ou de nature à porter atteinte aux droits des tiers à voir protéger leur nom de famille — l'article 60 alinéa 4 lui impose de saisir sans délai le procureur de la République. Il ne lui appartient pas de rejeter lui-même la demande : son rôle est d'enregistrer ou de saisir le parquet, non de statuer définitivement sur le fond. Cette architecture préserve les droits du demandeur, qui sait que son dossier sera examiné par le procureur et qui dispose, en cas d'opposition de ce dernier, d'un recours devant le juge aux affaires familiales.

Il résulte de l'ensemble de ces dispositions un dispositif cohérent, dans lequel la liberté de la personne sur son propre prénom est reconnue et facilitée, sans être abandonnée à la seule volonté individuelle. L'intérêt légitime est la clé de voûte du système : il garantit que le changement de prénom reste une réponse à une situation réelle, et non un simple caprice de dénomination.

CHAPITRE 2

Les personnes autorisées à demander le changement

L'article 60 du Code civil ouvre la procédure de changement de prénom à « toute personne ». Cette formule volontairement large appelle cependant des précisions, car les modalités concrètes de la demande varient selon la situation du demandeur. Qu'il soit majeur ou mineur, protégé ou non, qu'il réside en France ou que son acte de naissance y soit détenu, les règles applicables ne sont pas identiques. Il importe donc de les examiner avec soin.

I. La personne majeure

Toute personne majeure peut demander à changer de prénom à titre personnel. La démarche lui appartient en propre : c'est elle qui formule la demande et la remet à l'officier de l'état civil compétent. Elle n'a pas besoin d'être assistée ou représentée pour accomplir cette démarche, sauf dans les cas où une mesure de protection juridique le prévoit.

La situation des majeurs protégés mérite une attention particulière. Ni l'article 60 du Code civil ni ses textes d'application ne prévoient d'exclusion à leur égard. Une personne sous tutelle ou curatelle peut donc en principe formuler une demande de changement de prénom. Son représentant légal ou son curateur intervient selon les règles de droit commun applicables à la mesure de protection en cours. L'essentiel est que la demande reflète la volonté de la personne protégée elle-même, et non celle de son entourage ou de son représentant.

La question de la nationalité du demandeur mérite également d'être posée. L'article 60 du Code civil vise « toute personne » sans restriction expresse de nationalité. La compétence de l'officier de l'état civil est toutefois conditionnée au lieu de résidence ou à la détention de l'acte de naissance en France. Une personne résidant en France peut s'adresser à l'officier de l'état civil de son lieu de résidence, quelle que soit sa nationalité. En revanche, une personne dont l'acte de naissance n'a été ni dressé ni transcrit en France et qui n'y réside pas se trouvera dans l'impossibilité pratique de satisfaire l'un ou l'autre des critères de compétence posés par l'article 60. Les situations internationales feront l'objet d'un examen spécifique dans la Partie III du présent ouvrage.

II. Le mineur

Lorsque le demandeur est mineur, l'article 60 alinéa 1er du Code civil prévoit que la demande est remise par son représentant légal. Le mineur ne peut donc pas agir seul : c'est celui ou celle qui exerce l'autorité parentale qui est habilité à déposer la demande auprès de l'officier de l'état civil. Dans la situation la plus courante, il s'agit des deux parents exerçant conjointement l'autorité parentale. Lorsque l'autorité parentale est exercée par un seul parent, ce dernier peut agir seul.

Cette règle ne prive pas le mineur de tout rôle dans la procédure. L'article 60 alinéa 2 du Code civil dispose expressément que si l'enfant est âgé de plus de treize ans, son consentement personnel est requis. Il ne s'agit pas d'une simple consultation : c'est un consentement, au sens fort du terme, dont l'absence fait obstacle à l'enregistrement du changement. L'officier de l'état civil est tenu de s'assurer que ce consentement a bien été donné librement et en connaissance de cause avant de procéder à l'inscription.

L'exigence de ce consentement à partir de treize ans traduit une philosophie cohérente avec l'ensemble du droit de la famille : reconnaître à l'enfant, à mesure qu'il grandit, une capacité croissante à participer aux décisions qui le concernent, en particulier lorsqu'elles touchent à son identité. On retrouve ce seuil de treize ans dans d'autres dispositions du Code civil relatives au changement de nom, notamment aux articles 61-2 et 61-3. Il s'agit donc d'un seuil d'autonomie cohérent, et non d'une règle isolée.

En deçà de treize ans, le représentant légal agit seul, mais sous la contrainte permanente de l'intérêt de l'enfant. L'article 60 alinéa 4 précise en effet que l'officier de l'état civil doit saisir le procureur de la République lorsque la demande lui paraît contraire à l'intérêt de l'enfant. Cette réserve protège le mineur contre des demandes qui, même formulées par ses parents, ne correspondraient pas à son intérêt réel.

III. La compétence territoriale

L'article 60 alinéa 1er du Code civil désigne deux officiers de l'état civil susceptibles de recevoir la demande : celui du lieu de résidence du demandeur, et celui dépositaire de l'acte de naissance. Ces deux critères sont alternatifs : il suffit de satisfaire l'un ou l'autre pour que la compétence soit établie. Le demandeur dispose ainsi d'un choix, qu'il exercera en fonction de sa situation pratique.

Cette double compétence est une facilité réelle. Elle évite à celui qui réside loin de sa commune de naissance — parfois dans une autre région, parfois même à l'étranger — d'avoir à se déplacer spécialement pour accomplir cette démarche. Il peut s'adresser à la mairie de son domicile, ce qui est généralement la solution la plus commode. Il peut aussi choisir de s'adresser à l'officier dépositaire de son acte de naissance, notamment s'il entretient des liens avec sa ville de naissance ou s'il s'y trouve lors de la démarche.

Il convient de distinguer soigneusement ce critère de compétence de celui prévu par l'article 1055-1 du Code de procédure civile, qui désigne le procureur de la République compétent pour contester les prénoms choisis par les parents lors de la déclaration de naissance en application de l'article 57 du Code civil. Ces deux dispositions ne régissent pas la même procédure : l'article 1055-1 concerne la contestation des prénoms à la naissance, et non le changement de prénom demandé ultérieurement par la personne elle-même. La confusion entre ces deux mécanismes est une erreur fréquente qu'il importe d'éviter.

CHAPITRE 3

La démarche devant l'officier d'état civil

La réforme issue de la loi du 18 novembre 2016 a fait de l'officier de l'état civil l'acteur central de la procédure de changement de prénom. C'est à lui que la demande est adressée, c'est lui qui l'examine en premier, et c'est le plus souvent lui qui y fait droit directement. Comprendre le déroulement concret de cette démarche — de son dépôt jusqu'à l'enregistrement de la décision — est indispensable pour qui envisage d'engager une telle procédure ou pour qui accompagne un client dans cette démarche.

I. Le dépôt de la demande

La demande de changement de prénom est remise à l'officier de l'état civil compétent, conformément à l'article 60 alinéa 1er du Code civil. Deux officiers sont alternativement compétents pour la recevoir : celui du lieu de résidence du demandeur, et celui dépositaire de l'acte de naissance. Ces deux critères étant alternatifs, le demandeur choisit librement auquel des deux il souhaite s'adresser.

La demande peut porter sur l'une ou plusieurs des trois opérations visées par l'article 60 alinéa 1er : l'adjonction d'un prénom, la suppression d'un prénom, ou la modification de l'ordre des prénoms. Ces opérations peuvent être combinées dans une même demande. Rien ne fait obstacle à ce qu'une personne demande simultanément la suppression d'un prénom inutilisé et l'inversion de l'ordre des prénoms restants, dès lors que l'ensemble de la demande repose sur un intérêt légitime.

Lorsque la demande concerne un mineur, elle est remise par son représentant légal, ainsi que l'exige l'article 60 alinéa 1er. Si le mineur est âgé de plus de treize ans, son consentement personnel est requis en application de l'article 60 alinéa 2. Ce consentement doit être recueilli par l'officier de l'état civil lui-même, qui s'assure qu'il est donné librement, en pleine connaissance des effets de la démarche. Un consentement exprimé sous la contrainte ou sans compréhension réelle de ses implications ne saurait être valablement pris en compte.

La loi ne prescrit pas de forme particulière pour la demande. Elle ne dresse pas non plus de liste des pièces justificatives exigibles. En pratique, le demandeur est invité à exposer les motifs de sa demande et à produire tout élément de nature à établir l'intérêt légitime qu'il invoque : pièce d'identité, justificatifs d'usage du prénom souhaité, documents attestant du caractère péjoratif ou ridicule du prénom actuel, ou tout autre élément pertinent selon la situation.

II. L'appréciation de la demande par l'officier de l'état civil

À réception de la demande, l'officier de l'état civil procède à son examen. Il dispose d'un pouvoir d'appréciation reconnu par l'article 60 alinéa 4 du Code civil : il lui appartient de déterminer si la demande revêt un intérêt légitime. Ce pouvoir n'est pas discrétionnaire — il s'exerce dans les limites posées par la loi — mais il est réel et substantiel.

Lorsqu'il considère que la demande est fondée sur un intérêt légitime, l'officier de l'état civil procède directement à son enregistrement. Il inscrit le changement sur le registre de l'état civil conformément à l'article 60 alinéa 3 du Code civil, et la procédure est terminée sans qu'il soit nécessaire d'aviser le parquet ou de saisir un juge. C'est le cas de figure le plus fréquent : la grande majorité des demandes de changement de prénom sont ainsi réglées directement en mairie, sans que les filtres successifs du procureur ou du juge soient activés.

Lorsqu'en revanche l'officier de l'état civil estime que la demande ne revêt pas d'intérêt légitime — et l'article 60 alinéa 4 vise notamment le cas où la demande lui paraîtrait contraire à l'intérêt de l'enfant ou de nature à porter atteinte aux droits des tiers à voir protéger leur nom de famille — il est tenu de saisir sans délai le procureur de la République. Cette saisine est une obligation, non une faculté : l'officier ne peut pas se contenter de rejeter lui-même la demande. Il informe simultanément le demandeur de cette saisine, afin que celui-ci ne reste pas dans l'ignorance du sort de son dossier.

Cette répartition des rôles mérite d'être soulignée. L'officier de l'état civil n'est ni un simple guichetier dépourvu de tout pouvoir d'appréciation, ni un juge compétent pour statuer définitivement sur la légitimité d'une demande. Il se situe entre ces deux extrêmes : il filtre les demandes manifestes, enregistre celles qui sont clairement fondées, et renvoie au parquet celles qui soulèvent une difficulté. C'est cette position intermédiaire qui donne toute sa cohérence au dispositif.

III. L'intervention du procureur de la République

Saisi par l'officier de l'état civil, le procureur de la République examine la demande à son tour. Il dispose de deux options. S'il ne s'y oppose pas, il en avise l'officier de l'état civil, qui procède alors à l'enregistrement du changement dans les mêmes conditions que si la demande lui avait paru directement légitime. S'il s'y oppose, il en avise le demandeur — ou son représentant légal — conformément à l'article 60 alinéa 4 du Code civil.

L'opposition du procureur n'est pas un refus définitif. Elle ouvre au demandeur la faculté de saisir le juge aux affaires familiales. La demande est alors portée contre le procureur de la République devant le juge aux affaires familiales du tribunal judiciaire auprès duquel ce procureur exerce ses fonctions, ainsi que le précise l'article 1055-2 du Code de procédure civile. Ce critère de compétence est important : c'est le tribunal judiciaire du ressort du procureur qui s'est opposé qui est compétent, et non celui du lieu de résidence du demandeur ni celui du lieu de l'acte de naissance.

L'article 1055-3 du Code de procédure civile précise que la procédure devant le tribunal judiciaire obéit aux règles de la procédure écrite ordinaire. Cette précision a des conséquences pratiques : le demandeur doit constituer un dossier écrit, exposer ses moyens, et répondre aux observations du procureur. La décision n'est exécutoire à titre provisoire que si le juge l'ordonne expressément.

IV. L'enregistrement de la décision et ses effets immédiats

Lorsque le juge aux affaires familiales ordonne la modification du prénom, l'article 1055-4 du Code de procédure civile prévoit que le dispositif de la décision est transmis sans délai par le procureur de la République à l'officier de l'état civil dépositaire des actes de l'état civil de l'intéressé. La mention de la décision est portée en marge de ces actes. C'est cette inscription marginale qui donne au changement sa pleine existence juridique et le rend opposable aux tiers.

Que le changement ait été enregistré directement par l'officier de l'état civil ou à la suite d'une décision du procureur ou du juge, la décision est inscrite sur le registre de l'état civil conformément à l'article 60 alinéa 3. Cette inscription est le point de départ des effets du changement de prénom, dont les modalités sont précisées par l'article 61-4 du Code civil. Ces effets — qui concernent non seulement l'acte de naissance de l'intéressé mais aussi les actes de l'état civil de son conjoint, de son partenaire de PACS et de ses enfants — font l'objet d'un examen détaillé dans le chapitre suivant.

CHAPITRE 4

Les conséquences du changement de prénom

L'inscription du changement de prénom sur les registres de l'état civil n'est pas un acte isolé dont les effets resteraient cantonnés à l'acte de naissance du demandeur. Elle déclenche un ensemble de mises à jour qui s'étendent à d'autres actes de l'état civil, touchent à la situation de personnes liées à l'intéressé, et rayonnent sur la vie quotidienne de celui qui a obtenu le changement. L'article 61-4 du Code civil, auquel il convient de se référer, organise ces effets avec précision. Il distingue deux situations : les changements obtenus en France, et ceux régulièrement acquis à l'étranger.

I. La mention en marge des actes de l'état civil de l'intéressé

Le premier effet du changement de prénom est l'inscription de la décision en marge des actes de l'état civil de l'intéressé, conformément à l'article 61-4 alinéa 1er du Code civil. Cette mention marginale est l'acte par lequel le changement prend corps dans les registres officiels. Elle vise en premier lieu l'acte de naissance du demandeur, qui est le document fondateur de son état civil et celui sur lequel tous les autres s'appuient.

L'acte de naissance mis à jour devient le document de référence pour tous les actes et démarches ultérieurs. Il fait désormais figurer le nouveau prénom, qui est celui que l'intéressé est en droit d'utiliser dans toutes les situations où son état civil est requis. L'ancien prénom ne disparaît pas des archives — il demeure mentionné en marge, précisément pour permettre de retracer l'historique de l'état civil de la personne — mais il cesse d'être le prénom officiel.

L'article 61-4 dernier alinéa dispose que les articles 100 et 101 du Code civil sont applicables aux modifications de prénoms. Ces dispositions régissent les rectifications d'actes de l'état civil et les mentions à y porter. Elles définissent les modalités selon lesquelles l'officier de l'état civil procède aux inscriptions, les délais dans lesquels il doit y pourvoir et les formalités de notification aux personnes concernées. Leur applicabilité aux changements de prénoms garantit que la procédure de mise à jour des registres obéit à des règles précises et uniformes.

II. La mention en marge des actes de l'état civil des tiers

Le changement de prénom ne produit pas ses effets uniquement sur les actes de l'état civil de l'intéressé. L'article 61-4 alinéa 1er prévoit expressément que la mention est portée, le cas échéant, en marge des actes de l'état civil du conjoint, du partenaire lié par un pacte civil de solidarité et des enfants de l'intéressé.

Cette extension est logique et nécessaire. L'acte de mariage fait mention du prénom des deux époux. L'acte de naissance des enfants fait mention du prénom de leurs parents. La convention de PACS fait mention du prénom des partenaires. Si le prénom de l'un d'eux change, ces actes se trouvent en décalage avec la réalité de l'état civil : ils mentionnent un prénom qui n'est plus celui de la personne concernée. La mise à jour de ces actes est donc indispensable pour assurer la cohérence de l'ensemble des registres de l'état civil.

L'expression « le cas échéant » employée par l'article 61-4 signifie que cette mise à jour n'est opérée que dans la mesure où les actes concernés existent. Si l'intéressé n'est pas marié, n'est pas lié par un PACS et n'a pas d'enfant, aucune mention complémentaire n'est nécessaire. La mise à jour est ciblée sur les actes effectivement concernés par le changement. Elle est réalisée d'office, sans démarche supplémentaire du titulaire du changement, dans les conditions prévues par les articles 100 et 101 du Code civil.

Cette mise à jour automatique est une garantie importante pour les personnes liées à l'intéressé. Elle évite qu'elles se retrouvent dans une situation de discordance entre leurs propres actes de l'état civil et le nouvel état civil de leur conjoint, partenaire ou parent. Elle assure également la lisibilité des registres pour les tiers qui seraient amenés à les consulter.

III. La reconnaissance en France des changements régulièrement acquis à l'étranger

L'article 61-4 alinéa 2 du Code civil traite d'une situation distincte, rendue de plus en plus fréquente par la mobilité internationale : celle d'une personne qui a régulièrement obtenu un changement de prénom à l'étranger, dans le respect des formes et conditions exigées par la loi étrangère applicable. La question est alors de savoir si ce changement peut produire des effets en France et être inscrit sur les actes de l'état civil français.

L'article 61-4 alinéa 2 répond positivement à cette question : les décisions de changement de prénoms régulièrement acquises à l'étranger sont portées en marge des actes de l'état civil sur instructions du procureur de la République. Cette disposition est fondamentale pour les personnes dont l'état civil est enregistré en France mais qui vivent ou ont vécu à l'étranger et y ont obtenu une modification de leur prénom. Sans elle, le changement régulièrement accompli à l'étranger resterait sans effet sur l'état civil français, plaçant l'intéressé dans une situation de double identité difficile à gérer.

Il convient de relever que cette reconnaissance n'est pas automatique. Elle suppose, d'une part, que le changement ait été régulièrement acquis selon la loi étrangère applicable — ce qui implique que les conditions et formes prévues par cette loi aient bien été respectées — et, d'autre part, que le procureur de la République ait donné ses instructions pour la mention en marge. C'est au procureur qu'il appartient d'apprécier la régularité du changement étranger avant d'ordonner son inscription sur les registres français. Cette appréciation peut conduire à un refus si le changement étranger n'apparaît pas régulier au regard des critères applicables.

Les enjeux de cette reconnaissance sont particulièrement importants pour les personnes binationales ou dont l'état civil est susceptible d'être enregistré dans plusieurs pays. Nous examinerons dans la Partie III les conditions et les limites de la reconnaissance internationale des changements de prénom, ainsi que les risques de double identité qui peuvent en résulter lorsque les systèmes juridiques en présence ne se coordonnent pas suffisamment.

IV. La portée du changement sur les actes et situations juridiques antérieurs

Le changement de prénom inscrit à l'état civil ne remet pas en cause les actes juridiques conclus sous l'ancien prénom. Un contrat signé, un acte notarié reçu, un jugement rendu sous l'ancien prénom demeurent pleinement valables. Le changement de prénom n'affecte pas la continuité de la personnalité juridique de l'intéressé : c'est la même personne qui, hier, portait l'ancien prénom et qui, aujourd'hui, porte le nouveau. Ses droits et obligations sont inchangés.

Le changement de prénom ne modifie pas davantage la filiation de l'intéressé, ni les liens de parenté ou d'alliance qui en découlent. Les droits successoraux, les obligations alimentaires, les liens de solidarité entre époux ou partenaires de PACS sont intégralement préservés. Le prénom est un attribut de l'état civil, non un élément constitutif des liens juridiques que l'intéressé entretient avec les autres.

En revanche, le changement de prénom a des répercussions concrètes sur l'ensemble des documents qui servent à identifier l'intéressé dans sa vie courante et professionnelle. Ces documents doivent, à terme, être mis en cohérence avec le nouvel état civil. Il appartient à l'intéressé d'engager les démarches nécessaires auprès des administrations et organismes concernés, en justifiant de son changement de prénom par la production de son acte de naissance mis à jour ou de tout autre document attestant de l'inscription du changement sur les registres de l'état civil.

CHAPITRE 5

Les recours en cas de refus du changement de prénom

La procédure simplifiée issue de la loi du 18 novembre 2016 a considérablement facilité le changement de prénom. Mais elle n'a pas supprimé tout risque de refus. L'officier de l'état civil peut estimer que la demande ne revêt pas d'intérêt légitime et saisir le procureur de la République. Le procureur peut s'opposer à la demande. Et le demandeur qui se heurte à cette opposition n'est pas pour autant démuni : la loi lui ouvre un recours devant le juge aux affaires familiales. Comprendre l'architecture de ces recours — qui peut les exercer, dans quelles conditions, devant quelle juridiction, selon quelle procédure — est essentiel pour défendre efficacement la demande de changement de prénom d'un client.

I. La distinction entre saisine du procureur et refus

Avant d'examiner les recours proprement dits, il est important de bien identifier ce qui les déclenche. L'officier de l'état civil ne peut pas, par lui-même, rejeter une demande de changement de prénom. L'article 60 alinéa 4 du Code civil lui impose, lorsqu'il estime que la demande ne revêt pas d'intérêt légitime, de saisir sans délai le procureur de la République — et non de rendre lui-même une décision de refus. Il informe simultanément le demandeur de cette saisine.

Ce mécanisme est fondamental. Il signifie que la saisine du procureur par l'officier de l'état civil n'est pas en elle-même un refus : c'est un renvoi pour décision. À ce stade, la demande n'est pas rejetée ; elle est transmise à une autorité compétente pour en apprécier le bien-fondé. Le demandeur doit l'entendre ainsi : la saisine du procureur n'est pas la fin de la procédure, mais le passage au niveau suivant.

Le procureur examine la demande et dispose de deux options. S'il ne s'y oppose pas, il en avise l'officier de l'état civil, qui procède à l'enregistrement du changement. S'il s'y oppose, il en avise le demandeur ou son représentant légal, conformément à l'article 60 alinéa 4. C'est cette opposition du procureur — et elle seule — qui ouvre la voie du recours judiciaire. En l'absence d'opposition du procureur, le changement est enregistré et la procédure est close.

II. Le recours devant le juge aux affaires familiales

En cas d'opposition du procureur de la République, l'article 60 dernier alinéa du Code civil ouvre au demandeur — ou à son représentant légal lorsque la demande concerne un mineur — la faculté de saisir le juge aux affaires familiales. Cette saisine est une faculté, non une obligation : le demandeur peut choisir d'y renoncer, notamment s'il considère que les motifs de l'opposition du procureur sont fondés ou si les chances de succès d'un recours lui paraissent trop incertaines.

La juridiction compétente est le juge aux affaires familiales du tribunal judiciaire auprès duquel le procureur de la République qui s'est opposé exerce ses fonctions, conformément à l'article 1055-2 du Code de procédure civile. Ce critère de compétence territoriale est impératif : il ne dépend ni du lieu de résidence du demandeur, ni du lieu où l'acte de naissance est détenu, mais du ressort du procureur qui a émis l'opposition. Cette règle est d'ordre public et ne peut être écartée par convention entre les parties.

La demande est portée contre le procureur de la République, qui est la partie défenderesse à l'instance. C'est lui qui a opposé son refus, et c'est donc lui que le demandeur doit attraire devant le juge. Cette configuration procédurale — le demandeur contre le ministère public — est caractéristique des instances en matière d'état civil, dans lesquelles le parquet joue un rôle de gardien de l'ordre public.

III. La procédure devant le tribunal judiciaire

L'article 1055-3 du Code de procédure civile précise que la procédure devant le tribunal judiciaire obéit aux règles de la procédure écrite ordinaire. Cette précision a des conséquences pratiques importantes. Contrairement à certaines procédures simplifiées ou orales, la procédure écrite ordinaire suppose la rédaction de conclusions, l'échange de pièces et d'arguments entre les parties, et l'organisation d'un débat contradictoire dans les formes prescrites par le Code de procédure civile.

La procédure écrite implique également que le demandeur soit en mesure de formaliser ses arguments par écrit, de manière précise et structurée. En pratique, il est vivement conseillé de se faire assister d'un avocat pour conduire cette phase judiciaire. L'assistance d'un conseil permet non seulement de respecter les exigences formelles de la procédure écrite, mais aussi de construire un dossier solide démontrant l'intérêt légitime qui justifie la demande de changement de prénom.

L'article 1055-3 prévoit également que la décision du juge aux affaires familiales n'est exécutoire à titre provisoire que si le juge l'ordonne expressément. En l'absence d'une telle disposition dans le jugement, la décision ne devient exécutoire qu'à l'expiration des délais de recours et, en cas d'appel, après la décision de la cour d'appel. Cette règle est importante pour le demandeur qui souhaiterait que le changement soit enregistré rapidement : il devra, dans ce cas, solliciter expressément l'exécution provisoire de la décision.

IV. La transmission de la décision et l'enregistrement du changement

Lorsque le juge aux affaires familiales fait droit à la demande et ordonne la modification du prénom, la décision doit être transmise aux officiers de l'état civil compétents pour que le changement soit inscrit sur les registres. L'article 1055-4 du Code de procédure civile organise cette transmission : le dispositif de la décision est transmis sans délai par le procureur de la République à l'officier de l'état civil dépositaire des actes de l'état civil de l'intéressé, en marge desquels est portée la mention de la décision.

Cette transmission est assurée par le procureur de la République, même lorsque c'est lui qui a perdu l'instance. Le ministère public reste, en matière d'état civil, l'intermédiaire institutionnel entre les décisions judiciaires et les officiers de l'état civil. Cette organisation garantit que la décision est portée à la connaissance de l'officier compétent dans les meilleurs délais et que l'inscription est réalisée conformément aux exigences légales.

Une fois la mention portée en marge des actes de l'état civil, le changement de prénom produit ses effets dans les conditions prévues par l'article 61-4 du Code civil, examinées au chapitre précédent. La décision judiciaire qui a ordonné le changement se trouve ainsi pleinement exécutée : le nouveau prénom est officiellement inscrit à l'état civil de l'intéressé, et les actes des personnes liées à lui — conjoint, partenaire de PACS, enfants — sont mis à jour dans les mêmes conditions que pour tout autre changement de prénom. Le prénom, attribut fondamental de l'identité, peut ainsi être modifié par la voie judiciaire lorsque la voie simplifiée a été fermée. Mais le prénom n'est qu'un des deux attributs de l'identité nominale. Le nom de famille, plus ancré encore dans l'ordre public, obéit à des règles et à des procédures propres, que les chapitres qui suivent se proposent d'examiner.

PARTIE II

Le changement de nom de famille

CHAPITRE 6

La voie simplifiée : une procédure accessible, mais utilisable une seule fois

La loi n° 2022-301 du 2 mars 2022 relative au choix du nom issu de la filiation a créé une procédure simplifiée permettant à toute personne majeure de demander à l'officier de l'état civil de porter l'un des noms prévus par l'article 311-21 du Code civil, c'est-à-dire les noms issus de la filiation. Entrée en vigueur le 1er juillet 2022, cette procédure est codifiée à l'article 61-3-1 du Code civil, dans sa rédaction issue de ladite loi.

Elle est toutefois assortie d'une contrainte fondamentale : elle ne peut être exercée qu'une seule fois dans la vie.

I. Le fondement légal et le champ d'application

La procédure simplifiée de changement de nom est régie par l'article 61-3-1 du Code civil, dans sa rédaction issue de la loi du 2 mars 2022. Cet article ouvre à toute personne majeure la faculté de demander à l'officier de l'état civil son changement de nom en vue de porter l'un des noms prévus aux premier et dernier alinéas de l'article 311-21 du Code civil. L'article 311-21 définit les combinaisons de noms que les parents peuvent attribuer à leur enfant à la naissance : le nom du père, le nom de la mère, ou les deux noms accolés dans l'ordre choisi par les parents, dans la limite d'un nom de famille pour chacun d'eux. La procédure de l'article 61-3-1 permet à l'adulte de bénéficier, a posteriori, d'un choix analogue à celui que ses parents auraient pu faire à sa naissance.

Le champ d'application de cette procédure est strictement délimité. Seuls les noms issus de la filiation de l'intéressé — le nom du père et celui de la mère — peuvent être revendiqués par cette voie. Il n'est pas possible de demander, par cette voie simplifiée, le nom d'un grand-parent ou de tout autre tiers. La procédure n'est pas une procédure de création d'un nom nouveau : elle est une procédure de choix entre les noms que l'intéressé aurait pu recevoir au titre de sa filiation. Cette limitation est cohérente avec l'esprit de la réforme, qui n'entendait pas ouvrir un droit général au changement de nom mais simplement permettre à chacun de choisir, parmi les noms qui lui sont liés par sa naissance, celui qu'il souhaite porter.

Il importe de ne pas confondre la procédure simplifiée de l'article 61-3-1 avec le nom d'usage prévu par le nouvel article 311-24-2 du Code civil, également introduit par la loi du 2 mars 2022. Le nom d'usage permet à toute personne majeure de porter, à titre d'usage — c'est-à-dire sans modification de son état civil — l'un des noms prévus à l'article 311-21. La procédure de l'article 61-3-1, en revanche, opère une modification de l'état civil : le nouveau nom devient le nom officiel de la personne, inscrit sur ses actes d'état civil. Les deux dispositifs sont distincts et répondent à des besoins différents.

II. Les conditions de la demande

L'article 61-3-1 du Code civil pose plusieurs conditions à l'exercice de cette faculté. La première est celle de la majorité : seule une personne majeure peut formuler cette demande en son nom propre. La procédure simplifiée n'est pas ouverte aux mineurs, qui peuvent toutefois en bénéficier dans les conditions exposées à la section IV du présent chapitre.

La condition la plus caractéristique de cette procédure est celle de l'unicité. L'article 61-3-1 dispose expressément que, « sans préjudice de l'article 61, ce choix ne peut être fait qu'une seule fois ». La réserve relative à l'article 61 est importante : elle signifie que la personne qui a épuisé la procédure simplifiée peut, en principe, encore emprunter la voie du décret si elle justifie d'un intérêt légitime. Les deux voies ne s'excluent pas mutuellement, mais la voie simplifiée, elle, est définitivement consommée après un seul exercice.

L'unicité de la procédure impose donc une réflexion préalable sérieuse. Avant de déposer la demande, l'intéressé doit avoir pleinement mesuré les conséquences de son choix : quel nom souhaite-t-il porter ? Veut-il substituer entièrement son nom actuel ou simplement lui adjoindre le nom de l'autre parent ? Dans quel ordre souhaite-t-il faire figurer les noms s'il opte pour un nom composé ? Ces questions doivent être tranchées avant le dépôt de la demande, car il ne sera plus possible de recourir à nouveau à la voie simplifiée, quelle que soit l'évolution ultérieure de la situation.

III. La procédure devant l'officier de l'état civil

La demande est adressée à l'officier de l'état civil compétent, qui est, aux termes de l'article 61-3-1, soit l'officier de l'état civil du lieu de résidence de l'intéressé, soit celui dépositaire de son acte de naissance. Cette double compétence territoriale offre à l'intéressé une souplesse pratique : il peut choisir de déposer sa demande dans la mairie de sa commune de résidence ou dans celle du lieu où il est né, selon sa convenance.

L'officier de l'état civil n'est pas juge de l'opportunité de la demande : il ne contrôle pas le caractère légitime du motif, contrairement à la procédure de l'article 61. Dès lors que les conditions posées par l'article 61-3-1 sont satisfaites, il est tenu de donner suite à la demande. Toutefois, l'article 61-3-1 réserve un rôle au procureur de la République : en cas de difficultés, l'officier de l'état civil saisit le procureur, qui peut s'opposer à la demande — l'intéressé en est alors avisé. Saisi dans les mêmes conditions, le procureur de la République du lieu de naissance peut également ordonner lui-même le changement de nom. Ce double pouvoir — d'opposition et d'injonction — confère au parquet un rôle de garde-fou dans une procédure dont la logique est pourtant celle du droit quasi automatique.

L'article 61-3-1 prévoit une particularité procédurale notable : dans le cas de la procédure simplifiée, le changement de nom n'est consigné dans le registre de l'état civil qu'après confirmation par l'intéressé, au plus tôt un mois après la réception de la demande. Ce délai de confirmation d'un mois est une garantie importante. Il offre à l'intéressé la possibilité de revenir sur sa décision s'il réalise, dans l'intervalle, qu'il n'a pas suffisamment pesé les implications de son choix. La confirmation doit être expresse et intervenir devant l'officier de l'état civil. À défaut de confirmation dans ce délai, la demande reste sans suite.

Ce mécanisme de délai de réflexion imposé par la loi est d'autant plus justifié que la procédure simplifiée ne peut être utilisée qu'une seule fois. Il serait paradoxal que la facilitation de la procédure aille de pair avec une irrévocabilité immédiate de la décision. Le délai d'un mois, conçu comme un temps de réflexion, permet de concilier la liberté ouverte par la loi de 2022 avec la prudence qu'impose le caractère définitif et non renouvelable de l'acte.

IV. Les effets du changement sur les enfants mineurs

L'article 61-3-1 prévoit que le changement de nom obtenu dans le cadre de la procédure simplifiée s'étend de plein droit aux enfants du bénéficiaire lorsqu'ils ont moins de treize ans. Cette extension est automatique : elle ne requiert pas l'accord de l'autre parent. Pour les enfants âgés de plus de treize ans, leur consentement personnel est en revanche requis, conformément au principe général de respect de l'autonomie de l'enfant dans les décisions relatives à son identité.

Le seuil de treize ans, que l'on retrouve dans plusieurs dispositions du Code civil relatives à l'état civil — notamment à l'article 61-3 pour les changements de nom résultant d'une modification de la filiation —, traduit la reconnaissance progressive de l'autonomie de l'enfant. En deçà de cet âge, la loi considère que le changement peut lui être appliqué sans qu'il soit nécessaire de recueillir son consentement, dans la mesure où il s'agit d'un changement qui lui est favorable au titre du rattachement à la lignée parentale. Au-delà, son accord est indispensable.

Il importe de souligner que les parents ne peuvent pas recourir à la procédure simplifiée pour demander directement un changement de nom pour leur enfant mineur. L'alinéa 3 de l'article 61-3-1 — qui prévoit une déclaration conjointe des parents — ne vise pas la procédure filiation de l'alinéa 1, mais la procédure distincte de portage du nom acquis à l'étranger. En matière de procédure simplifiée filiation, la seule voie ouverte pour les enfants est l'extension consécutive au changement d'un parent : de plein droit pour les moins de treize ans, avec leur consentement pour les plus de treize ans.

V. Les limites de la procédure simplifiée

La procédure simplifiée, si elle constitue une avancée réelle, présente des limites qui doivent être clairement exposées. La plus évidente est celle de l'unicité déjà évoquée. Mais d'autres limites méritent d'être signalées.

La procédure est réservée aux noms issus de la filiation : elle ne permet pas d'adopter un nom de famille qui n'est pas celui de l'un de ses parents. Une personne qui souhaite porter un nom entièrement différent — parce qu'elle souffre de la consonance de son nom actuel, parce qu'elle veut se distinguer d'un homonyme illustre, parce que son nom révèle des origines qu'elle ne souhaite pas exposer, ou pour tout autre motif légitime — devra nécessairement emprunter la voie du décret, régie par l'article 61 du Code civil et examinée au chapitre suivant.

La procédure simplifiée ne dispense pas non plus du respect des règles générales qui gouvernent le nom de famille. Les noms accessibles par cette voie sont ceux prévus à l'article 311-21, c'est-à-dire le nom du père, le nom de la mère, ou les deux accolés dans un ordre choisi, dans la limite d'un nom de famille pour chacun. L'intéressé ne peut pas, par exemple, revendiquer un nom composé qui résulterait d'une combinaison non prévue par cet article. Le cadre légal est précis et ne laisse pas de place à des combinaisons hors filiation.

Enfin, il convient de rappeler que la procédure simplifiée a été conçue comme une alternative à la voie du décret pour les cas intrafamiliaux les plus simples, et non comme un remplacement de cette dernière. Elle coexiste avec la voie du décret, qui reste ouverte — notamment, comme le précise l'article 61-3-1 lui-même, « sans préjudice de l'article 61 » — pour toutes les hypothèses où le changement de nom souhaité ne peut être obtenu par la voie simplifiée.

CHAPITRE 7

La voie du décret : le changement de nom pour intérêt légitime

Lorsque la procédure simplifiée de l'article 61-3-1 du Code civil ne permet pas d'obtenir le changement de nom souhaité — parce que le nom visé n'est pas issu de la filiation du demandeur, ou parce que le droit à la procédure simplifiée a déjà été exercé —, l'intéressé peut se tourner vers la voie du décret, régie par l'article 61 du Code civil. Cette voie est plus exigeante : elle requiert la démonstration d'un intérêt légitime, et l'autorisation appartient non à l'officier de l'état civil mais au Premier ministre, statuant par décret contresigné par le garde des Sceaux. Elle est aussi plus large : elle permet d'obtenir n'importe quel changement de nom dès lors que l'intérêt légitime est établi.

I. Le fondement légal : l'article 61 du Code civil

L'article 61 du Code civil dispose que toute personne qui justifie d'un intérêt légitime peut demander à changer de nom. Le même article précise que la demande peut avoir pour objet d'éviter l'extinction du nom porté par un ascendant ou un collatéral du demandeur jusqu'au quatrième degré. Enfin, il pose la règle de compétence : le changement de nom est autorisé par décret.

Ces trois alinéas définissent le régime de la voie ordinaire de changement de nom. Le premier pose la condition de fond — l'intérêt légitime —, qui est la clé de voûte de toute la procédure. Le deuxième fournit un exemple de ce que le législateur considère comme un intérêt légitime au sens de la loi, sans que cet exemple soit limitatif. Le troisième fixe l'autorité compétente pour accorder l'autorisation.

La procédure de l'article 61 n'a pas été abrogée par la loi du 2 mars 2022 qui a créé la procédure simplifiée. Les deux voies coexistent. L'article 61-3-1 prévoit lui-même expressément que le choix opéré dans le cadre de la procédure simplifiée est fait « sans préjudice de l'article 61 ». La voie du décret demeure donc ouverte, y compris pour les personnes qui ont déjà utilisé la procédure simplifiée.

II. L'intérêt légitime : condition de fond de la demande

La notion d'intérêt légitime est le critère central de la procédure de l'article 61. Le législateur n'en a pas donné de définition, laissant au juge administratif le soin d'en préciser les contours. La jurisprudence du Conseil d'État et des cours administratives d'appel a progressivement dégagé les catégories de situations dans lesquelles l'intérêt légitime peut être reconnu.

La chancellerie identifie plusieurs hypothèses reconnues d'intérêt légitime. Constitue un intérêt légitime le fait de porter un nom difficile à porter parce qu'il est perçu comme ridicule ou péjoratif, ou parce qu'il est associé à une mauvaise réputation. Constitue également un intérêt légitime la volonté de relever un nom de famille éteint ou menacé d'extinction — hypothèse expressément mentionnée à l'alinéa 2 de l'article 61 —, de consacrer l'usage constant et continu d'un nom, de remédier à une situation dans laquelle des membres d'une même fratrie portent des noms différents, ou encore d'invoquer des motifs d'ordre affectif dans des circonstances suffisamment caractérisées.

Il ressort de la jurisprudence que l'intérêt légitime doit être étayé par des éléments suffisamment précis. Des allégations vagues ou des préférences personnelles non objectivées ne suffisent pas. Le Conseil d'État a notamment jugé que le regret d'avoir francisé son nom, sans autre élément, ne constitue pas un intérêt légitime. De même, les difficultés alléguées dans la vie quotidienne doivent être établies et non simplement affirmées. La charge de la preuve incombe au demandeur, qui doit convaincre le garde des Sceaux de l'existence et du sérieux de son intérêt.

Contrairement à la procédure simplifiée, la voie du décret n'est pas limitée aux noms issus de la filiation. Elle permet de solliciter n'importe quel nom, y compris un nom qui n'a aucun lien avec les noms des parents du demandeur. C'est cette caractéristique qui en fait la seule voie disponible pour les personnes souhaitant porter un nom entièrement différent de ceux figurant dans leur filiation.

III. La publicité préalable : formalité obligatoire avant le dépôt de la demande

Avant même de déposer son dossier au garde des Sceaux, le demandeur doit accomplir une formalité de publicité préalable, régie par l'article 3 du décret n° 94-52 du 20 janvier 1994. Il fait procéder à la publication au Journal officiel de la République française d'une insertion comportant son identité, son adresse et, le cas échéant, celles de ses enfants mineurs concernés, ainsi que le ou les noms sollicités. Si le demandeur réside en France, une publication complémentaire est en outre effectuée dans un journal désigné pour les annonces légales de l'arrondissement où il réside. Ces deux publications sont cumulatives et obligatoires pour les résidents en France.

Cette publicité préalable remplit une double fonction. Elle informe les tiers susceptibles d'être affectés par le changement de nom envisagé — notamment les homonymes — et leur permet de former opposition avant même que l'autorisation ne soit accordée. Elle constitue également une pièce du dossier : l'article 2 du décret n° 94-52 exige, à peine d'irrecevabilité, que la demande soit accompagnée d'un exemplaire des journaux contenant les insertions prescrites. La publicité n'est donc pas seulement une formalité d'information : elle conditionne la recevabilité du dossier.

IV. La constitution du dossier et la demande

La demande de changement de nom est adressée au garde des Sceaux, ministre de la Justice, conformément à l'article 1er du décret n° 94-52. Aux termes de l'article 2 du même décret, elle doit, à peine d'irrecevabilité, exposer les motifs sur lesquels elle se fonde, indiquer le nom sollicité et, lorsque plusieurs noms sont proposés, leur ordre de préférence.

La demande est accompagnée des pièces suivantes, dont l'omission entraîne l'irrecevabilité : la copie de l'acte de naissance du demandeur ; le cas échéant, la copie de l'acte de naissance des enfants de moins de treize ans et des autres enfants mineurs pour le compte desquels la demande est présentée ; le consentement personnel écrit des enfants mineurs de plus de treize ans ; pour chaque personne concernée, un document justifiant de la nationalité française ; le bulletin n° 3 du casier judiciaire de chaque personne majeure concernée ; et l'exemplaire des journaux contenant les insertions de publicité préalable de l'article 3.

La condition de nationalité française mérite d'être soulignée. Elle est exigée par le décret n° 94-52, qui impose pour chaque personne concernée un certificat de nationalité française, une fiche individuelle d'état civil et de nationalité française, ou la copie d'un acte d'acquisition de la nationalité française. Cette exigence distingue la procédure de l'article 61 de la procédure simplifiée de l'article 61-3-1, qui ne pose pas de condition de nationalité dans les mêmes termes.

Le bénéficiaire du changement de nom peut être un mineur. Dans ce cas, la demande est présentée par son ou ses représentants légaux. La procédure par décret est ainsi plus accessible aux familles que la procédure simplifiée en ce qui concerne les mineurs, puisque leurs représentants légaux peuvent y recourir à titre principal.

V. L'instruction et la décision

Une fois la demande reçue, le garde des Sceaux procède à son instruction. Aux termes de l'article 4 du décret n° 94-52, il peut demander au procureur de la République du lieu de résidence de l'intéressé — ou, si celui-ci réside à l'étranger, à l'agent diplomatique ou consulaire compétent

— de procéder à une enquête. Il peut également recueillir l'avis du Conseil d'État lorsque la demande présente une complexité ou une sensibilité particulières.

L'autorisation ou le refus de changement de nom ne peut intervenir que deux mois après la date à laquelle il a été procédé à la publicité prévue à l'article 3, conformément à l'article 5 du décret. Ce délai est destiné à permettre aux oppositions éventuelles de se manifester avant que la décision ne soit prise. Si la demande est accueillie favorablement, un décret du Premier ministre, contresigné par le garde des Sceaux, ministre de la Justice, autorisant le changement de nom, est publié au Journal officiel. La mention du nouveau nom est ensuite portée en marge des actes d'état civil de l'intéressé, sur réquisition du procureur de la République du lieu de naissance, au vu d'une ampliation du décret et d'un certificat de non-opposition — ou, le cas échéant, d'une copie certifiée conforme de la décision rejetant l'opposition.

Si la demande est rejetée, le refus est motivé et notifié au demandeur par le garde des Sceaux, conformément à l'article 6 du décret n° 94-52.

VI. L'opposition et les voies de recours

Les tiers qui s'estiment lésés par le changement de nom envisagé disposent de deux voies d'opposition selon le moment où ils interviennent. Avant la publication du décret d'autorisation, toute personne peut adresser une opposition motivée par simple lettre au garde des Sceaux. Après la publication du décret au Journal officiel, l'article 61-1 du Code civil ouvre un délai d'opposition de deux mois devant le Conseil d'État. Ces deux voies sont distinctes et complémentaires.

En cas de rejet de la demande par le garde des Sceaux, le demandeur dispose des voies de recours du droit administratif. Il peut former un recours gracieux devant le garde des Sceaux, puis, en cas de rejet, un recours contentieux devant le tribunal administratif de Paris, qui est le juge de droit commun des décisions ministérielles en matière de changement de nom. Les décisions de la cour administrative d'appel de Paris peuvent ensuite être déférées au Conseil d'État.

La jurisprudence montre que le contentieux du changement de nom par décret est substantiel. Le Conseil d'État et les cours administratives d'appel ont, au fil des années, précisé les contours de la notion d'intérêt légitime, les conditions de la preuve et les limites du pouvoir d'appréciation du garde des Sceaux. Ce contentieux fourni constitue une source précieuse pour apprécier les chances de succès d'une demande et pour orienter les justiciables vers la rédaction d'un dossier solide.

CHAPITRE 8

LES CONSÉQUENCES DU CHANGEMENT DE NOM

L'obtention du changement de nom — qu'il résulte de la procédure simplifiée de l'article 61-3-1 du Code civil ou du décret prévu à l'article 61 — ne constitue pas une fin en soi. Elle emporte des conséquences juridiques immédiates qui s'imposent à l'intéressé comme aux tiers et dont la méconnaissance peut exposer à des sanctions pénales sévères. L'article 61-4 du Code civil en fixe le cadre général, tandis que le décret n° 2024-689 du 5 juillet 2024 a profondément renforcé les obligations relatives au renouvellement des titres d'identité.

Le présent chapitre envisage successivement : la transcription du changement dans les actes d'état civil (**Section I**), l'extension aux membres de la famille (**Section II**), le traitement des changements intervenus à l'étranger (**Section III**), l'invalidation des titres d'identité (**Section IV**), la mise à jour des autres documents administratifs (**Section V**) et les sanctions applicables en cas de manquement (**Section VI**).

Section I — La transcription du changement dans les actes d'état civil

§ 1. — Le principe de la mention marginale

L'article 61-4, alinéa 1er, du Code civil dispose que la mention des décisions de changement de prénom et de nom est portée *en marge* des actes de l'état civil de l'intéressé. Cette formalité est une mesure de **publicité** et non une condition constitutive du changement : le droit est acquis antérieurement à la transcription, selon des modalités qui diffèrent selon la procédure empruntée.

Dans le cadre de la procédure par décret (art. 61), l'article 61-1 du Code civil précise qu'un décret portant changement de nom *prend effet*, s'il n'y a pas eu d'opposition, à l'expiration du délai pendant lequel l'opposition est recevable, ou, dans le cas contraire, après le rejet de l'opposition. Dans le cadre de la procédure simplifiée (art. 61-3-1), le changement prend effet à la date de sa consignation par l'officier de l'état civil dans le registre en cours, après le délai de confirmation d'un mois.

La mention marginale assure ensuite l'opposabilité aux tiers par la publicité attachée aux actes d'état civil. Elle ne conditionne pas la naissance du droit mais en organise l'information.

La mention est portée sur les actes de naissance et, le cas échéant, sur l'acte de mariage de l'intéressé. Elle est effectuée par l'officier de l'état civil dépositaire de ces actes, sur avis de mention transmis selon les règles des articles 100 et 101 du Code civil, que l'article 61-4, alinéa 3, rend expressément applicables aux modifications de prénom et de nom.

§ 2. — Le régime des articles 100 et 101 du Code civil

L'article 61-4, alinéa 3, rend expressément applicables aux modifications de prénom et de nom les dispositions des articles 100 et 101 du Code civil.

L'article 100 du Code civil pose le principe de l'opposabilité *erga omnes* : *« toute rectification ou annulation judiciaire ou administrative d'un acte est opposable à tous à compter de sa publicité sur les registres de l'état civil »*. C'est donc la publicité sur les registres qui confère à la modification son opposabilité aux tiers, et non la décision elle-même.

L'article 101 du Code civil en tire la conséquence pratique : aucune expédition de l'acte modifié ne peut plus être délivrée sans les rectifications ordonnées, sous peine de l'amende prévue à l'article 50 du Code civil et de tous dommages-intérêts à la charge du dépositaire des registres.

Sur le plan procédural, la transmission des avis de mention entre officiers de l'état civil est régie par les articles 1055-1 et suivants du Code de procédure civile, le procureur de la République donnant directement les instructions utiles aux dépositaires des registres concernés.

Dans le cadre de la procédure simplifiée (art. 61-3-1), c'est l'officier de l'état civil lui-même qui consigne le changement dans le registre en cours et transmet les avis de mention nécessaires. Dans le cadre de la procédure par décret, c'est le procureur de la République du lieu de naissance du bénéficiaire qui procède aux inscriptions sur ampliation du décret et après production d'un certificat de non-opposition.

Section II — L'extension du changement aux membres de la famille

§ 1. — Les personnes visées par l'article 61-4, alinéa 1er

La mention du changement de nom n'est pas limitée aux seuls actes de l'intéressé. L'article 61-4, alinéa 1er, prévoit qu'elle est portée, *le cas échéant*, en marge des actes d'état civil :

— du **conjoint** : l'acte de mariage commun est mis à jour afin que l'identité d'un des époux y figure sous son nouveau nom ;

— du **partenaire lié par un pacte civil de solidarité** : la convention de PACS enregistrée à l'état civil comporte mention du nouveau nom du partenaire concerné ;

— des **enfants** : les actes de naissance des enfants dont les actes font état du nom modifié sont mis à jour.

L'expression « le cas échéant » indique que cette mention ne vaut que lorsque l'acte considéré comporte effectivement une référence au nom modifié. Tel est le cas, par exemple, de l'acte de naissance d'un enfant qui porte le nom de son parent ayant obtenu le changement.

§ 2. — La distinction selon la procédure empruntée

Les effets sur les enfants varient selon la procédure suivie. Dans le cadre de la procédure simplifiée de l'article 61-3-1, le changement de nom **s'étend de plein droit** aux enfants du bénéficiaire âgés de moins de treize ans. Pour les enfants âgés de treize ans et plus, leur consentement personnel est requis. Ces règles ont été analysées en détail au Chapitre 6.

Dans le cadre de la procédure par décret de l'article 61, les mêmes seuils d'âge s'appliquent : extension automatique pour les enfants de moins de treize ans, consentement exigé au-delà. L'extension aux enfants est ici la conséquence juridique directe du décret accordé au parent, et non une procédure distincte.

En tout état de cause, l'extension du changement de nom aux enfants majeurs suppose leur consentement exprès, conformément au droit commun de la modification de l'état civil.

Section III — L'intégration des changements opérés à l'étranger

L'article 61-4, alinéa 2, du Code civil dispose que les décisions de changement de prénom et de nom *régulièrement acquises à l'étranger* sont portées en marge des actes de l'état civil français sur *instructions du procureur de la République.*

Cette disposition complète la voie de droit international privé ouverte par l'article 61-3-1, alinéa 2, qui permet à toute personne justifiant d'un nom inscrit sur le registre d'état civil d'un autre État de demander à l'officier de l'état civil dépositaire de son acte de naissance établi en France la mise en concordance de son nom. Elle permet ainsi d'assurer la cohérence entre l'état civil français et la situation de droit étranger régulièrement acquise.

La vérification de la régularité de l'acquisition à l'étranger incombe au procureur de la République, qui s'assure notamment que le droit étranger applicable a été respecté et que la décision n'est pas contraire à l'ordre public international français.

Section IV — L'invalidation des titres d'identité

§ 1. — Le régime institué par le décret n° 2024-689 du 5 juillet 2024

Le décret n° 2024-689 du 5 juillet 2024 a modifié le décret n° 55-1397 du 22 octobre 1955 instituant la carte nationale d'identité ainsi que le décret n° 2005-1726 du 30 décembre 2005 relatif aux passeports, pour instaurer une règle d'invalidation automatique des titres d'identité en cas de changement de nom ou de prénom.

Désormais, la carte nationale d'identité et le passeport d'un usager dont l'état civil a été modifié à l'issue d'une procédure de changement de prénom ou de nom prévue aux articles 60, 61 et 61-3-1 du Code civil sont **invalidés à l'expiration d'un délai de trois mois** à compter de l'actualisation de son acte de naissance.

Cette mesure s'inscrit dans la continuité du principe posé par la loi du 6 fructidor an II, toujours en vigueur, qui interdit à tout citoyen de porter un autre nom que celui figurant sur son acte de naissance. Elle vise à prévenir les risques d'utilisation frauduleuse d'une ancienne identité et à garantir la cohérence des documents d'identité avec l'état civil à jour.

§ 2. — Les modalités d'information de l'usager

Le décret prévoit que l'usager est informé par tout moyen du délai à l'issue duquel ses titres d'identité seront invalidés. En pratique, cette information est :

— mentionnée sur les formulaires Cerfa permettant d'effectuer les demandes de changement de nom ou de prénom ;

— rappelée lors des démarches en mairie par l'officier de l'état civil ;

— susceptible d'être communiquée par SMS, courriel ou courrier dès que la modification de l'acte de naissance est effective.

La campagne d'information auprès des usagers ayant effectué un changement antérieur à l'entrée en vigueur du décret a démarré en septembre 2025 : pour ces personnes, le délai de trois mois court à compter de la date à laquelle elles ont été informées de l'invalidation prochaine de leurs titres.

§ 3. — L'obligation de renouvellement

L'usager souhaitant disposer d'une carte nationale d'identité et d'un passeport conformes à son nouvel état civil doit déposer en mairie une demande de renouvellement de ses titres. Cette demande est obligatoire **même si les titres antérieurs sont encore matériellement valides** au regard de leur date d'expiration.

Il est recommandé de procéder à ce renouvellement *dès* l'actualisation de l'acte de naissance, sans attendre l'expiration du délai de trois mois. Le renouvellement est **gratuit** à condition de présenter les anciens titres toujours valides. À l'issue de la démarche, l'intéressé doit restituer les titres établis sous son ancienne identité.

Pour la pré-demande en ligne : si l'usager détient encore son titre à l'ancien état civil, il choisit le motif « Changement d'état civil » ; en cas de perte ou de vol du titre antérieur, il choisit « Renouvellement pour perte ou vol ».

Section V — La mise à jour des autres documents administratifs

Le changement de nom impose une actualisation coordonnée de l'ensemble des documents et enregistrements qui font état de l'identité de l'intéressé. Au-delà de la carte nationale d'identité et du passeport, les principales démarches concernent :

Le permis de conduire. La mise à jour peut être effectuée en ligne sur le site de l'Agence nationale des titres sécurisés (ANTS), rubrique « Changement d'état civil ». Le nouveau permis est établi sous le nouveau nom.

La carte Vitale. La demande de nouvelle carte Vitale s'effectue depuis l'espace personnel Ameli, rubrique « Mes démarches ». La mise à jour du nom dans les fichiers de l'Assurance Maladie intervient préalablement sur la base des informations transmises par l'état civil.

Les actes notariés et inscriptions foncières. Les actes établis antérieurement restent valables. Toutefois, lors de toute opération ultérieure impliquant un acte notarié ou une formalité au service de la publicité foncière, le notaire mentionnera l'identité sous le nouveau nom avec référence au changement intervenu.

Les documents bancaires et assurantiels. Les établissements bancaires et compagnies d'assurance doivent être informés par la production d'une copie de l'acte de naissance mis à jour ou, pour la procédure par décret, d'une copie du Journal officiel portant publication du décret.

Les registres professionnels. Pour les professions réglementées (avocats, médecins, experts-comptables, etc.), le tableau ou registre de l'ordre ou de l'institution professionnelle concernée doit être mis à jour selon les règles propres à chaque profession.

Cette liste n'est pas limitative. Chaque situation particulière peut exiger des démarches supplémentaires, notamment en matière de droit international privé lorsque l'intéressé est titulaire de documents étrangers.

CHAPITRE 9

LES RECOURS EN CAS DE REFUS DU CHANGEMENT DE NOM

Le droit au changement de nom n'est pas absolu. Selon la procédure empruntée, le refus peut émaner de deux autorités distinctes : le procureur de la République en matière de procédure simplifiée (art. 61-3-1 du Code civil), ou le garde des Sceaux, ministre de la justice, en matière de procédure par décret (art. 61). Dans l'un et l'autre cas, l'intéressé dispose de voies de recours encadrées dont la nature — judiciaire ou administrative — diffère selon la procédure concernée.

Le présent chapitre expose successivement les recours ouverts en cas d'opposition ou de refus dans la procédure simplifiée (Section I), les recours ouverts en cas de refus dans la procédure par décret (Section II), les moyens de fond susceptibles d'être invoqués (Section III), la complémentarité des deux procédures et la possibilité d'y recourir alternativement (Section IV).

Section I — Les recours en cas d'opposition dans la procédure simplifiée (art. 61-3-1)

§ 1. — Le mécanisme de l'opposition du procureur de la République

Dans le cadre de la procédure simplifiée, l'article 61-3-1 du Code civil prévoit qu'en cas de difficultés, l'officier de l'état civil saisit le procureur de la République. Ce dernier peut s'opposer à la demande ; en ce cas, l'intéressé en est avisé.

L'opposition du procureur n'est pas une décision discrétionnaire. Elle doit être fondée sur l'existence de « difficultés » au sens du texte, c'est-à-dire sur un obstacle juridique à la recevabilité ou à la régularité de la demande : défaut de lien de filiation établi, demande irrégulière en la forme, ou demande portant atteinte aux droits des tiers.

§ 2. — Le recours devant le juge aux affaires familiales

En application de l'article 61-3-1 alinéa 4 du Code civil, tel qu'il résulte de la loi n° 2022-301 du 2 mars 2022, si le procureur de la République s'oppose au changement de nom demandé selon la procédure simplifiée, le demandeur ou son représentant légal peut saisir le juge aux affaires familiales.

La compétence territoriale est celle du tribunal judiciaire dans le ressort duquel le procureur auteur de l'opposition exerce ses fonctions. La procédure obéit aux règles de la procédure contentieuse devant le tribunal judiciaire, notamment aux articles 750 et suivants du Code de procédure civile : la demande est formée par voie d'assignation délivrée à l'encontre du procureur de la République. La représentation par un avocat est obligatoire (art. 751 CPC).

Le juge aux affaires familiales, saisi de la contestation, apprécie souverainement si la demande est conforme aux conditions légales de l'article 61-3-1. Si le juge fait droit à la demande, il rend un jugement ordonnant le changement de nom, que le procureur transmet à l'officier de l'état civil compétent pour inscription sur les registres.

§ 3. — Les voies de recours contre la décision du juge aux affaires familiales

La décision du juge aux affaires familiales est susceptible des voies de recours de droit commun :

L'appel est ouvert dans le délai d'un mois à compter de la signification du jugement, devant la chambre spécialisée de la cour d'appel dans le ressort de laquelle le tribunal judiciaire est situé.

Le pourvoi en cassation est recevable dans le délai de deux mois à compter de la signification de l'arrêt d'appel, devant la première chambre civile de la Cour de cassation.

Section II — Les recours en cas de refus dans la procédure par décret (art. 61)

§ 1. — Le refus motivé du garde des Sceaux

L'article 6 du décret n° 94-52 du 20 janvier 1994 dispose que le refus de changement de nom est **motivé**. Le pouvoir de l'administration en la matière n'est pas discrétionnaire : le refus doit être fondé sur l'absence d'intérêt légitime au sens de l'article 61 du Code civil. Il est notifié au demandeur par le garde des Sceaux.

Le silence gardé par l'administration pendant deux mois à compter de la réception d'une demande ou d'un recours gracieux vaut décision implicite de rejet, conformément aux règles générales du droit administratif. Ce rejet implicite fait courir un nouveau délai de deux mois pour former un recours contentieux.

§ 2. — Le recours gracieux

Avant de saisir le juge administratif, l'intéressé peut former un **recours gracieux** adressé au garde des Sceaux, ministre de la justice. Ce recours n'est soumis à aucun délai particulier, mais il n'interrompt le délai de recours contentieux que s'il est formé dans ce délai.

Pour qu'il soit utilement traité, le recours gracieux doit contenir des *éléments nouveaux* en fait ou en droit par rapport à la demande initiale : pièces complémentaires, nouvelle argumentation sur l'intérêt légitime, évolution de la situation personnelle du requérant. Un recours gracieux se bornant à réitérer la demande initiale a peu de chances d'aboutir.

§ 3. — Le recours contentieux devant le tribunal administratif de Paris

La décision de refus du garde des Sceaux — qu'elle soit explicite ou implicite — peut être contestée devant le **tribunal administratif de Paris** par la voie du **recours pour excès de pouvoir**, dans le délai de **deux mois** à compter de sa notification (ou, pour le rejet implicite, à compter de l'expiration du délai de deux mois de silence).

La compétence du tribunal administratif de Paris est exclusive en raison du siège du ministère de la justice à Paris. Elle n'est pas déterminée par le domicile du requérant.

Le contrôle exercé par le juge administratif est un contrôle de *l'erreur de droit* et de *l'erreur manifeste d'appréciation.* Le juge vérifie que le garde des Sceaux n'a pas méconnu la notion d'intérêt légitime telle qu'elle résulte de l'article 61 du Code civil et de la jurisprudence du Conseil d'État.

En cas d'annulation du refus, le juge administratif peut enjoindre au garde des Sceaux de présenter au Premier ministre un projet de décret autorisant le changement de nom dans un délai déterminé, comme l'a jugé la cour administrative d'appel de Paris (CAA Paris, 9 déc. 2021, n° 20PA03672). Le juge ne peut cependant pas ordonner lui-même la modification de l'état civil, celle-ci ne pouvant intervenir qu'après la prise d'effet du décret.

§ 4. — L'appel devant la cour administrative d'appel de Paris et le pourvoi en cassation

Le jugement du tribunal administratif de Paris est susceptible d'appel devant la cour administrative d'appel de Paris, dans le délai d'un mois à compter de la notification du jugement. La cour exerce un contrôle entier sur les questions de fait et de droit.

L'arrêt de la cour administrative d'appel peut faire l'objet d'un pourvoi en cassation devant le Conseil d'État, dans le délai de deux mois à compter de sa notification. Le Conseil d'État exerce un contrôle de droit sur la qualification juridique des faits constitutifs de l'intérêt légitime, ainsi qu'en atteste notamment sa décision d'assemblée du 19 mai 2004 (n° 236470, Rec.).

Section III — Les moyens de fond invocables

§ 1. — L'intérêt légitime : appréciation jurisprudentielle

Les moyens de fond exposés aux paragraphes suivants sont propres à la procédure par décret (art. 61) ; la procédure simplifiée (art. 61-3-1) n'exige par définition aucun intérêt légitime. La notion d'intérêt légitime est au cœur du contentieux de la procédure par décret. Le Conseil d'État en a progressivement précisé les contours à travers une jurisprudence abondante :

Les motifs affectifs dans des circonstances exceptionnelles peuvent caractériser un intérêt légitime. Par un arrêt du 31 janvier 2014 (CE, n° 362444), le Conseil d'État a jugé que des circonstances personnelles et familiales exceptionnelles pouvaient constituer un intérêt légitime au sens de l'article 61, même en dehors des motifs classiques que sont le nom ridicule ou l'extinction d'un patronyme.

L'usage constant et prolongé d'un nom peut constituer un intérêt légitime dès lors que cet usage est établi par des pièces objectives (relevés bancaires, documents administratifs, témoignages) et remonte à plusieurs années — comme l'a retenu la CAA Paris dans sa décision du 18 juin 2020 (n° 19PA02739).

Le relèvement d'un nom menacé d'extinction est soumis à la condition que le nom à relever ait été légalement porté par un ascendant ou un collatéral jusqu'au quatrième degré *de nationalité française*. Le Conseil d'État a précisé, dans sa décision du 28 mai 2021 (n° 441856), que le législateur a subordonné cette forme d'intérêt légitime à la possession de la nationalité française par la personne dont le nom est à relever.

Le simple regret d'une francisation antérieure ne suffit pas à établir l'intérêt légitime, les difficultés alléguées dans la vie quotidienne devant être précisément établies (CE, jurisprudence constante).

§ 2. — L'article 8 de la Convention européenne des droits de l'homme

L'article 8 de la Convention européenne de sauvegarde des droits de l'homme et des libertés fondamentales, qui garantit le droit au respect de la vie privée et familiale, peut être invoqué à l'appui d'une demande de changement de nom, notamment lorsque le nom imposé par l'état civil porte atteinte à l'identité personnelle ou à l'intégration sociale du demandeur.

Cet article constitue un fondement complémentaire à l'intérêt légitime de l'article 61 du Code civil. Il ne saurait toutefois fonder à lui seul un droit absolu au changement de nom, les États jouissant d'une marge d'appréciation en la matière selon la jurisprudence de la Cour européenne des droits de l'homme.

§ 3. — La motivation insuffisante du refus

L'insuffisance de motivation du refus constitue un moyen de légalité externe recevable. La décision de refus doit préciser les raisons pour lesquelles l'intérêt légitime allégué n'est pas reconnu ; une motivation trop générale ou stéréotypée est susceptible d'entacher le refus d'illégalité (CAA Paris, 18 juin 2020, n° 19PA02739, où la cour a relevé que la décision ne prenait pas suffisamment en compte les éléments spécifiques avancés par le requérant).

Section IV — La possibilité de recourir à la procédure alternative

L'échec d'une voie de recours ne prive pas nécessairement l'intéressé de toute possibilité d'obtenir le nom souhaité. Les deux procédures ouvertes par le Code civil sont indépendantes l'une de l'autre et peuvent être utilisées successivement ou alternativement.

Ainsi, le fait d'avoir obtenu un refus dans le cadre de la procédure par décret n'empêche pas de recourir ultérieurement à la procédure simplifiée de l'article 61-3-1, dès lors que les conditions propres à cette dernière sont remplies — notamment le fait que le nom demandé soit un nom de la parentèle figurant sur l'acte de naissance. La circulaire du 15 juin 2023 (NOR : JUSC2309291C) le confirme expressément.

Inversement, un refus opposé dans le cadre de la procédure simplifiée par le procureur — et confirmé par le juge aux affaires familiales — ne fait pas obstacle à une demande ultérieure par décret sur le fondement de l'article 61, si le requérant est en mesure de justifier d'un intérêt légitime distinct.

Cette complémentarité des voies de droit, qui résulte de la coexistence maintenue des deux procédures par la loi du 2 mars 2022 (*sans préjudice de l'article 61*, selon la formule de l'art. 61-3-1), constitue une garantie supplémentaire pour le demandeur dont la situation ne correspond pas aux critères stricts de l'une des deux voies.

PARTIE III

Le changement de nom et/ou de prénom à l'étranger

et les binationaux

CHAPITRE 10

LA RECONNAISSANCE DU CHANGEMENT DE NOM ET/OU DE PRÉNOM À L'ÉTRANGER

Obtenir un changement de nom ou de prénom en France ne signifie pas que ce changement produira des effets dans tous les pays où la personne est connue. Pour les personnes qui n'ont que la nationalité française et n'ont aucun lien juridique avec un autre État, la question ne se pose pas : le changement obtenu en France épuise ses effets dans l'ordre juridique français. Mais pour ceux qui possèdent plusieurs nationalités ou qui entretiennent des liens d'état civil avec un État étranger, la question de la reconnaissance est centrale et doit être posée avant même d'engager la procédure.

Section I — Les personnes concernées par la question de la reconnaissance

§ 1. — Les binationaux

Est binationale la personne qui possède simultanément la nationalité de deux États. Cette situation est fréquente en France, notamment pour les enfants nés de parents de nationalités différentes, pour les personnes naturalisées françaises qui ont conservé leur nationalité d'origine, ou pour celles qui ont acquis une seconde nationalité par le jeu des conventions ou du droit étranger.

Le binational est soumis, selon le pays où il se trouve ou l'autorité à laquelle il s'adresse, à deux ordres juridiques qui peuvent avoir des exigences différentes quant à son identité nominale. En France, c'est la loi française qui s'applique ; dans son autre pays de nationalité, c'est la loi de cet État. Un changement de nom régulièrement obtenu en France modifie l'état civil français de l'intéressé mais ne touche pas, en principe, à son état civil tel que tenu par l'autre État dont il est ressortissant.

§ 2. — Les personnes possédant plus de deux nationalités

La situation se complique encore pour les personnes qui possèdent trois nationalités ou davantage. Chaque État dont elles sont ressortissantes tient ses propres registres d'état civil et applique ses propres règles en matière de nom. Un changement obtenu en France n'aura d'effet automatique dans aucun des autres États, et la question de la reconnaissance devra être posée séparément pour chacun d'entre eux.

À partir du moment où une personne détient plusieurs nationalités, elle doit donc, avant d'engager une procédure de changement de nom ou de prénom en France, s'interroger sur la position de chacun des États dont elle est ressortissante. Cette démarche préalable est le seul moyen d'éviter de se retrouver, à l'issue de la procédure française, dans une situation d'identité différente selon les pays.

Section II — La vérification préalable : une démarche indispensable

§ 1. — Pourquoi vérifier avant d'agir

La vérification préalable auprès des autorités compétentes de chaque pays de nationalité est une démarche que tout binationale ou plurinationale devrait accomplir avant d'engager sa procédure en France. Son objectif est simple : savoir si le changement obtenu en France pourra être transcrit ou reconnu à l'étranger, ou s'il restera sans effet dans l'autre ordre juridique.

Cette vérification peut être effectuée auprès des services consulaires ou des ambassades des pays concernés présents en France. Elle peut également être conduite par l'intermédiaire d'un avocat ou d'un juriste spécialisé en droit international privé, qui pourra analyser les règles applicables dans chaque pays concerné. La réponse obtenue doit, dans la mesure du possible, être consignée par écrit.

§ 2. — Les questions à poser

La vérification doit porter sur deux points distincts.

D'abord : **le changement de nom ou de prénom est-il possible selon le droit du pays concerné ?** Certains

États ignorent purement et simplement la notion de changement de nom par simple volonté, et réservent la modification de l'état nominal à des hypothèses strictement définies — erreur matérielle, modification de filiation, adoption. Engager une procédure en France pour un changement que le droit de l'autre pays ne reconnaîtrait de toute façon pas revient à créer délibérément une discordance d'état civil.

Ensuite : **ce pays reconnaît-il les changements d'état civil opérés à l'étranger ?** Même si le changement est en principe possible selon le droit local, le pays peut exiger que la modification ait été ordonnée par ses propres autorités, et refuser de tenir compte d'une décision ou d'un acte étranger. Dans ce cas, la personne devra, après avoir obtenu son changement en France, engager une procédure séparée dans l'autre pays pour obtenir la même modification.

Section III — Tour d'horizon des positions nationales

§ 1. — Les États qui reconnaissent ou facilitent la reconnaissance

Les États membres de l'Union européenne constituent, dans l'ensemble, un espace favorable à la reconnaissance des changements d'état civil opérés dans un autre État membre. La jurisprudence de la Cour de justice de l'Union européenne a posé le principe selon lequel le refus de reconnaître un nom légalement acquis dans un autre État membre est une entrave injustifiée à la libre circulation des personnes, sauf raison impérieuse d'intérêt général. En pratique, l'Allemagne, la Belgique, les Pays-Bas, l'Espagne ou l'Italie accepteront généralement de prendre en compte un changement de nom ou de prénom régulièrement obtenu en France, moyennant production des actes d'état civil mis à jour.

Les pays de tradition juridique anglo-saxonne — Royaume-Uni, États-Unis, Canada, Australie — adoptent une approche libérale : le changement de nom y est généralement admis sur présentation d'un document officiel attestant que le changement a été régulièrement opéré dans le pays d'origine. Ces pays n'exigent pas de procédure judiciaire interne pour prendre acte d'un changement étranger.

Certains pays d'Europe centrale et orientale, ainsi que des pays d'Amérique latine, prévoient des procédures de transcription des actes d'état civil étrangers permettant de mettre à jour leurs propres registres. Ces procédures, parfois longues, aboutissent en général à la reconnaissance du changement.

§ 2. — Les États qui refusent la reconnaissance

La non-reconnaissance est la règle dans la plupart des pays arabes et dans les États à tradition juridique islamique. Ces pays considèrent que le nom de leur ressortissant est régi exclusivement par leur propre loi, et qu'aucune autorité étrangère n'est compétente pour le modifier. Cette position est directement liée à la conception du nom comme attribut de la filiation paternelle : modifier le nom, c'est dans cette vision toucher au lien de filiation lui-même, ce que la loi ne permet pas à une autorité étrangère de faire.

La Tunisie ne reconnaît pas les changements de nom opérés en France. Le Code de l'état civil tunisien, combiné à l'article 1er de l'arrêté du 14 juin 1965 portant organisation de l'état civil, pose le principe de l'immuabilité du nom patronymique. Un Franco-Tunisien qui obtient un changement de nom en France reste, aux yeux des autorités tunisiennes, porteur de son nom d'origine.

Le Maroc et **l'Algérie** adoptent des positions similaires. Le droit marocain de l'état civil ne prévoit de modification du nom que dans des cas limitativement énumérés, sans reconnaissance des décisions étrangères en dehors de ces hypothèses. Le droit algérien encadre pareillement la modification du nom, réservant cette faculté à des situations spécifiques relevant de la compétence exclusive des autorités algériennes.

D'autres pays présentent un risque comparable, notamment certains pays d'Asie du Sud (Pakistan, Bangladesh), certains États d'Afrique subsaharienne, et des pays du Proche et Moyen-Orient.

Cette liste n’est pas exhaustive pour chacun de ces pays, la vérification préalable est indispensable.

Section IV — La conséquence d'une non-reconnaissance : la double identité

Lorsqu'un changement de nom ou de prénom obtenu en France n'est pas reconnu par un autre État dont la personne est ressortissante, il en résulte une situation que l'on appelle la double identité nominale : la personne porte un nom en France et un autre nom dans l'autre pays. Elle est juridiquement deux personnes différentes selon l'État qui l'identifie.

Cette situation n'est pas une simple curiosité administrative. Elle a des conséquences concrètes et durables sur l'ensemble des actes juridiques qui présentent un élément d'extranéité : documents d'identité, actes notariés portant sur des biens situés à l'étranger, successions internationales, mariage reconnu dans un seul des deux États, représentation en justice devant les juridictions étrangères. La personne concernée doit en permanence justifier de la continuité de son identité par des pièces concordantes, et risque de se heurter à des refus ou à des blocages dans ses démarches administratives et juridiques à l'étranger.

Le chapitre suivant est consacré à l'examen détaillé de ces conséquences, ainsi qu'aux voies permettant, le cas échéant, de régulariser ou d'atténuer les effets d'une double identité déjà constituée.

CHAPITRE 11

LE RISQUE DE DOUBLE IDENTITÉ

Le chapitre précédent a montré que le changement de nom ou de prénom obtenu en France n'est pas reconnu par tous les États dont la personne peut être ressortissante. Lorsque la non-reconnaissance est acquise, la conséquence est inévitable : la personne se retrouve porteuse de deux identités nominales distinctes, l'une en France, l'autre dans son pays d'origine. Cette situation de double identité n'est pas abstraite. Elle se manifeste concrètement dans la vie quotidienne et juridique de la personne concernée, et peut générer des difficultés sérieuses dont il convient de mesurer l'ampleur avant de s'y exposer.

Le présent chapitre examine successivement la définition et les mécanismes d'apparition de la double identité (**Section I**), ses conséquences pratiques (**Section II**), les mesures permettant de l'anticiper et de la gérer (**Section III**), et enfin la manière dont elle peut constituer, dans certains cas, un intérêt légitime ouvrant droit à un nouveau changement de nom par la voie du décret (**Section IV**).

Section I — Définition et mécanismes d'apparition

§ 1. — Notion de double identité nominale

La double identité nominale est la situation dans laquelle une même personne physique est désignée sous deux noms — ou deux prénoms — différents selon l'ordre juridique qui l'identifie. Elle ne se confond pas avec l'usage d'un pseudonyme ou d'un nom d'usage, qui n'affectent pas l'état civil : la double identité nominale est une situation d'état civil, c'est-à-dire qu'elle affecte le nom tel qu'il figure sur les actes officiels de chacun des États concernés.

Elle naît du décalage entre deux registres d'état civil qui ne se sont pas mis en concordance : le registre français, qui a enregistré et publié le changement, et le registre étranger, qui l'ignore et continue de tenir l'intéressé sous son ancien nom. Ce décalage peut s'installer durablement, voire définitivement, si le pays d'origine refuse de reconnaître les actes d'état civil étrangers.

§ 2. — La double identité originaire

La double identité peut aussi préexister à toute procédure de changement volontaire. Elle résulte alors de l'attribution du nom à la naissance selon des règles divergentes entre les États. Un enfant né en France de parents binationaux peut se voir attribuer, selon la loi française, un nom différent de celui que lui attribuerait la loi de l'autre pays de nationalité de l'un de ses parents. Cette discordance originaire, si elle n'est pas corrigée dès la naissance, se perpétue et s'aggrave au fil des actes d'état civil qui seront établis dans chaque pays sous le nom qui lui est propre.

Section II — Les conséquences pratiques

§ 1. — Les documents d'identité

La conséquence la plus immédiate et la plus visible de la double identité est la coexistence de documents officiels portant des identités différentes. Le passeport français porte le nouveau nom ; le passeport du pays d'origine porte l'ancien. Les cartes nationales d'identité, titres de séjour, permis de conduire et documents professionnels peuvent être établis sous des noms différents selon l'autorité émettrice. Cette incohérence documentaire peut soulever des difficultés aux frontières, lors de contrôles d'identité, ou dans toute démarche administrative exigeant la concordance des pièces produites.

§ 2. — Les droits réels et les actes notariés

Un bien immobilier acquis à l'étranger sous l'ancien nom est enregistré sous ce nom auprès du cadastre ou de la conservation foncière du pays concerné. Toute opération ultérieure sur ce bien — vente, donation, hypothèque — exigera d'identifier le propriétaire sous le nom figurant au registre. Si l'intéressé se présente désormais sous un nouveau nom en France et ne peut justifier de la continuité de son identité auprès des autorités étrangères, l'opération peut être bloquée ou retardée indéfiniment.

§ 3. — Les successions internationales

La double identité est particulièrement redoutable dans les successions présentant un élément d'extranéité. Lorsqu'un défunt laisse des biens dans plusieurs pays, les autorités compétentes de chaque État doivent établir la dévolution successorale. Si le défunt était connu sous deux noms différents selon les États, les ayants droit devront démontrer que le titulaire du bien étranger et le défunt enregistré en France sont bien la même personne. Cette preuve, si elle n'est pas impossible à rapporter, nécessite des démarches longues et coûteuses devant les autorités consulaires et judiciaires étrangères.

§ 4. — Le mariage et le droit de la famille

Un mariage célébré en France sous le nouveau nom d'un conjoint peut ne pas être reconnu dans le pays d'origine si ce pays considère que l'acte de mariage désigne une personne dont il ne reconnaît pas l'identité nominale. Les droits des époux et des enfants dans ce pays s'en trouvent affectés. Le nom des enfants nés de ce couple peut lui-même faire l'objet d'une double attribution : le nom français issu des règles de dévolution française, et un nom différent selon la loi étrangère applicable.

§ 5. — La représentation en justice à l'étranger

Devant les juridictions étrangères, la double identité soulève des difficultés de représentation et de capacité. Un plaideur qui se présente sous un nom différent de celui figurant sur les actes produits au dossier devra justifier de la concordance de son identité. L'absence d'un tel justificatif peut entraîner l'irrecevabilité de la demande, le rejet des pièces versées aux débats, voire la caducité de l'instance.

Section III — Anticiper et gérer la double identité

§ 1. — La constitution d'un dossier de continuité d'identité

Lorsque le changement est obtenu malgré le risque de non-reconnaissance, la personne concernée a tout intérêt à constituer un dossier de continuité d'identité. Ce dossier a pour objet de démontrer, par des pièces concordantes, que la personne connue sous son ancien nom dans les actes étrangers est la même que celle qui porte son nouveau nom dans les actes français. Il comprendra utilement : la copie intégrale de l'acte de naissance français mis à jour portant la mention du changement, la copie du Journal officiel pour les changements par décret, les anciens documents d'identité, et les actes de naissance originaux du pays d'origine avec leurs traductions certifiées.

§ 2. — La demande de transcription dans le pays d'origine

Lorsque le pays d'origine dispose d'une procédure permettant de prendre en compte un changement d'état civil étranger — même de manière exceptionnelle — la voie de la transcription est à envisager. Cette procédure, généralement soumise à des conditions restrictives, permet de mettre les deux registres en concordance. Sa durée est variable et peut s'étaler sur plusieurs années selon les pays. En pratique, pour les États qui refusent par principe toute reconnaissance des changements d'état civil étrangers, cette voie est fermée, et la double identité devient une réalité pérenne.

Section IV — La double identité comme intérêt légitime pour un nouveau changement de nom

La situation de double identité nominale n'est pas seulement un inconvénient à gérer : elle peut, sous certaines conditions, constituer le fondement juridique d'une nouvelle procédure de changement de nom en France.

On rappellera que la procédure simplifiée devant l'officier de l'état civil, instituée par la loi n° 2022-301 du 2 mars 2022 et régie par l'article 61-3-1 du Code civil, **ne peut être utilisée qu'une seule fois dans la vie**. La personne qui a déjà eu recours à cette procédure, quelle qu'en ait été la raison, ne peut y recourir une seconde fois. Si elle souhaite obtenir ultérieurement un nouveau changement de nom, la seule voie qui lui est ouverte est la procédure par décret prévue à l'article 61 du Code civil — laquelle exige la démonstration d'un intérêt **légitime**.

Or, la double identité nominale peut précisément constituer cet intérêt légitime. Tel est le cas lorsque la personne a, lors de sa première procédure simplifiée, choisi un nom qui ne correspond pas à celui sous lequel elle est connue dans son pays d'origine, ou lorsque la non-reconnaissance du premier changement dans le pays d'origine a engendré une discordance d'état civil créant des difficultés avérées et documentées.

Pour que la double identité soit retenue comme intérêt légitime dans le cadre de la procédure par décret, elle doit être démontrée de manière concrète. Il ne suffit pas d'invoquer abstraitement l'existence d'un état civil différent dans un pays étranger : il faut établir que cette discordance a produit ou est susceptible de produire des effets néfastes caractérisés — blocages administratifs, difficultés successorales, impossibilité de faire valoir ses droits devant une juridiction étrangère, risques pour la sécurité juridique de la famille. La jurisprudence du Conseil d'État rappelle que l'intérêt légitime suppose des circonstances suffisamment sérieuses et objectivement vérifiables.

En pratique, le dossier de demande de changement de nom par décret, fondé sur la double identité, devra comporter : les pièces établissant l'état civil dans le pays d'origine (acte de naissance, documents officiels) ; les documents attestant que le pays d'origine ne reconnaît pas le changement opéré en France ; et tous justificatifs des difficultés concrètes rencontrées du fait de cette discordance. L'avis favorable du garde des Sceaux sera d'autant plus probable que le dossier sera étayé de manière rigoureuse et circonstanciée.

Ainsi, paradoxalement, la double identité née d'une non-reconnaissance étrangère peut devenir le moteur d'un nouveau changement de nom en France, par la voie du décret. Elle transforme ce qui était un inconvénient subi en un fondement juridique permettant à la personne de faire évoluer son état civil français dans un sens compatible avec sa situation internationale — à condition, toutefois, que ce nouveau nom soit lui-même susceptible d'être reconnu par le pays d'origine, faute de quoi la difficulté se perpétuerait.

*

CONCLUSION

Le droit du nom et du prénom a profondément évolué ces dernières années. La loi du 2 mars 2022 a représenté une rupture majeure en ouvrant à toute personne majeure la faculté de substituer, une fois dans sa vie, le nom de l'un de ses parents à son nom de famille, sans avoir à justifier d'un motif particulier. Cette réforme a rendu le changement de nom accessible à un nombre bien plus large de personnes, mais elle a également créé de nouvelles situations qu'il importe de bien appréhender.

Le changement de prénom relève de l'article 60 du Code civil. Il s'effectue devant l'officier de l'état civil du lieu de naissance ou de résidence, sous réserve de l'existence d'un intérêt légitime. L'officier de l'état civil peut saisir le procureur de la République en cas de difficulté ; si ce dernier s'oppose, la décision appartient au juge aux affaires familiales. Le changement de prénom peut être demandé plusieurs fois, à condition que chaque demande repose sur un intérêt sérieux et établi.

Le changement de nom obéit à deux procédures distinctes. La procédure simplifiée, instituée par l'article 61-3-1 du

Code civil, permet à tout majeur de choisir, une seule fois dans sa vie, de porter le nom de l'un de ses parents ou une combinaison des noms de ses deux parents. Cette procédure ne requiert aucune justification de fond : il suffit d'en faire la déclaration devant l'officier de l'état civil, qui enregistre le choix après un délai de confirmation d'un mois. La procédure par décret, prévue à l'article 61, est réservée aux personnes justifiant d'un intérêt légitime. Elle implique le dépôt d'un dossier auprès du bureau des noms de la Chancellerie, une publication au Journal officiel et, en cas de suite favorable, la prise d'un décret en Conseil d'État. Elle est la seule voie ouverte aux personnes qui ont déjà utilisé la procédure simplifiée et souhaitent à nouveau modifier leur nom.

Dans chacune de ces procédures, le changement peut être étendu aux enfants mineurs du demandeur. Pour les enfants de moins de treize ans, cette extension est de plein droit ; au-delà, le consentement personnel de l'enfant est requis. Les enfants majeurs ne sont pas concernés par l'extension automatique.

Le caractère irréversible de la procédure simplifiée de changement de nom est le premier point de vigilance. En usant de cette faculté, la personne l'épuise définitivement. Tout nouveau changement de nom ultérieur — quel qu'en soit le motif — ne pourra être obtenu que par la voie du décret, laquelle exige la démonstration d'un intérêt légitime. Ce point doit être pleinement intégré avant toute démarche.

La situation des personnes binationaux ou plurinationales commande une vigilance particulière. Un changement de nom ou de prénom régulièrement obtenu en France ne produit d'effets que dans l'ordre juridique français. Les pays dont la personne est également ressortissante appliquent leur propre loi en matière d'état nominal et ne sont pas tenus de reconnaître les actes d'état civil français. Avant d'engager toute procédure, il est indispensable de vérifier auprès des autorités consulaires de chaque pays concerné si le changement envisagé pourra être transcrit ou reconnu.

Lorsque cette reconnaissance est refusée, il en résulte une **double identité nominale** — un nom en France, un autre dans le pays d'origine — dont les conséquences pratiques peuvent être sérieuses : discordance des documents d'identité, difficultés dans la gestion du patrimoine immobilier étranger, complications successorales, obstacles à la représentation en justice devant les juridictions étrangères. Cette situation doit être anticipée et documentée.

La double identité nominale peut, dans certaines conditions, constituer un **intérêt légitime au sens de l'article 61 du Code civil**, ouvrant droit à un nouveau changement de nom par la voie du décret. Tel est notamment le cas pour la personne qui a déjà utilisé la procédure simplifiée et dont la situation internationale est devenue source de difficultés avérées et documentées. Le dossier devra alors établir de manière précise et circonstanciée la réalité des difficultés rencontrées.

La qualité du dossier est déterminante dans la procédure par décret. La Chancellerie instruit chaque dossier avec attention. Une demande vague, insuffisamment motivée ou mal documentée sera défavorablement accueillie. À l'inverse, un dossier rigoureux, appuyé sur des pièces probantes et une argumentation juridique solide, augmente significativement les chances d'obtenir un avis favorable.

www.ingramcontent.com/pod-product-compliance
Lightning Source LLC
LaVergne TN
LVHW050752051026
849532LV00008B/2846
* 9 7 9 1 0 9 7 9 3 3 0 4 3 *